Bibliografische Information der Deutschen Nationalbibliothek:

Die Deutsche Bibliothek verzeichnet diese Publikation in der Deutschen National-
bibliografie; detaillierte bibliografische Daten sind im Internet über http://dnb.d-
nb.de/ abrufbar.

Impressum:

Copyright © 2009 GRIN Verlag, Open Publishing GmbH
Druck und Bindung: Books on Demand GmbH, Norderstedt Germany
ISBN: 9783668350380

Dieses Buch bei GRIN:

http://www.grin.com/de/e-book/343964/neoinstitutionalistische-organisationstheo-
rie-die-ansaetze-von-paul-dimaggio

Selina Thal

Neoinstitutionalistische Organisationstheorie. Die Ansätze von Paul DiMaggio, Andrew Hargadon und Yellowlees Douglas im Vergleich

GRIN Verlag

Empirische Untersuchungen

NEOINSTITUTIONALISTISCHE
ORGANISATIONSTHEORIE

Disposition

1. Paul DiMaggio (1991)	2. Andrew B. Hargadon & Yellowlees Douglas (2001)
<ul><li>1.1 Vorstellung des Autors</li><li>1.2 Theorie</li><li>1.3 Forschungsfrage</li><li>1.4 Gegenstand</li><li>1.5 Methodik/ Operationalisierung</li><li>1.6 Ergebnisse</li><li>1.7 Kritische Würdigung</li></ul>	<ul><li>2.1 Vorstellung der Autoren</li><li>2.2 Theorie</li><li>2.3 Forschungsfrage</li><li>2.4 Gegenstand</li><li>2.5 Methodik/ Operationalisierung</li><li>2.6 Ergebnisse</li><li>2.7 Kritische Würdigung</li></ul>

Paul J. DiMaggio

- Doktortitel in Soziologie, Harvard University (1979)
- Professor am Lehrstuhl für Soziologie, Princeton University (seit 1992)
- Professor am Lehrstuhl für Soziologie und öffentliche Angelegenheiten, Woodrow Wilson School (seit 2008)
- Organisationsanalyse mit Fokus auf Non-Profit- und kulturellen Organisationen als auch auf Partizipationsstrukturen im Bereich der Kunst

Quelle: http://sociology.princeton.edu/Faculty/DiMaggio/

1.2 Theorie

- Mikro/Makroinstitutionalistischer Ansatz
- Theoretische Konstrukte:
- *Professionalisierung* als Mittel zur interorganisationalen Koordination
- *Strukturierung von organisationalen Feldern* als die Zusammenfassung einiger Organisationen zu einer Branche, ihre Verbindung miteinander durch formelle/informelle Netzwerke und das Entstehen von regulativen, fördernden, Verfahrensweisen festlegenden Organisationen

1.3 Forschungsfragen

- Woher kommen Organisationsfelder (und wie strukturieren sie sich)?

- Welche Rolle spielt die Professionalisierung bei der Institutionalisierung von neuen organisationalen Formen?

1.4 Untersuchungsgegenstand

- Verhältnis von Professionalisierung und Institutionalisierung

- Konkret: Organisationsfeld der US-amerikanischen Kunstmuseen (zwischen 1920-1940)

Methodik

- Historische Fallstudie (explorativ und deskriptiv)
- Art der Datenquelle: Archivalische Recherche
- Nachteil: eingeschränkte Übertragbarkeit
- Vorteile:

- wie Professionalisierung einerseits Reformen einleitete und andererseits die feldweite Organisation vorantrieb
- Institutionalisierung kann als Prozess betrachtet werden (somit auch Wandel)

Operationalisierung
Institution

	Gilman Model MFA, Boston	Data Model Newark, Branches
Mission	Collection Conservation Selection/sacralization	Education Exhibition Interpretation
Definition of art	Art-as-such Strongly bounded Rare objects	Art-for-use Weakly bounded Well-designed objects
Legitimate perception	Connoisseurship Direct, unmediated Ritual Hierarchical	Learning Aided by interpretation Pluralistic
Education	Low priority Primarily juvenile Special programs for members and scholars	Highest priority Primarily adult Special programs for trade or ethnic groups
Major publics	Local elites Collectors Educated middle class	General public Manufacturing groups Designers Craft workers
Control	Patrons Trustees Donors Aesthetic professionals	Museum professionals Educators, exhibitors State influence
Strategy	Rapid growth in collection, moderate growth in budget, no attendance growth, through service to collectors, patrons, scholars, and educated middle class	Rapid growth in attendance and budget, low growth in collection, through service to industry, trades, and public schools
Building	Elegant, awe-inspriring Classical models	Simple, accessible Department store model
Living artists	Exclusion	Inclusion

Operationalisierung

- **Institutioneller Wandel**
  - Grund: Professionalisierung
  - Isomorphie durch normativen Druck
- **Professionalisierung (5-dimensional)**
  - Erschaffung von Experten
  - Ausbildung einer Wissenbasis
  - Entstehung von Berufsverbänden
  - Stärkung der Berufselite
  - Wachstum der org. Bedeutung von beruflichen Fachkenntnissen

Operationalisierung

- **Feldstrukturierung (4-dimensional):**
  - Anwachsen der interorganisationalen Kontaktdichte
  - Anstieg des Informationsflusses
  - Aufkommen einer Zentrum-Peripherie-Struktur
  - Entstehen einer gemeinsamen Felddefinition

1.6 Ergebnisse

- Bei Museen: feldweite Strukturen auf nationaler Ebene

- Institutionalisierung an sich birgt Anknüpfpunkte für einen Wandel in sich

- Fortschrittsideologische Werte waren für neue Organisationen formgebend (Effizienz und Demokratie)

Quelle: Walgenbach, Peter (2006): Neoinstitutionalistische Ansätze in der Organisationstheorie. In: Kieser, A./Ebers, M. (Hrsg.): Organisationstheorien. S. 353-388. Stuttgart: Kohlhammer.

1.6 Ergebnisse

- Wandel ist nicht innerhalb einer Organisation zu suchen, sondern auf der Ebene des Organisationsfeldes (welches wiederum durch die Professionalisierung strukturiert wird)

- Der Einfluss der Professionalisierung auf die Strukturierung eines Organisationsfeldes ist umso größer desto weniger zentralistisch ein Staat aufgebaut ist

Quelle: Walgenbach, Peter (2006): Neoinstitutionalistische Ansätze in der Organisationstheorie. In: Kieser, A./Ebers, M. (Hrsg.): Organisationstheorien. S. 353-388. Stuttgart: Kohlhammer.

1.7 Kritische Würdigung

- nur eingeschränkte Übertragung auf andere Organisationale Felder möglich, da es sich bei Museen um keine Wirtschaftsunternehmen handelt

- mögliche Übertragung auf Non-Profit Unternehmen

Quelle: Walgenbach, Peter (2006): Neoinstitutionalistische Ansätze in der Organisationstheorie. In: Kieser, A./Ebers, M. (Hrsg.): Organisationstheorien. S. 389-401. Stuttgart: Kohlhammer.

2.1 Vorstellung der Autoren

Andrew B. Hargadon

- Doktortitel erworben im Fachbereich organisationales Verhalten, Stanford University (1998)
- Leiter am Zentrum für Energie und Effizienz, University of California (seit 2006)

Quelle: http://www.andrewhargadon.com/Hargadon_CV_11.06.pdf

2.1 Vorstellung der Autoren

J. Yellowlees Douglas

- Doktortitel erworben, New York University (1992)
- Heute ist sie Professorin an der University of California
- Forschungsinteresse:

  Managementkommunikation, Innovation, sowie Erkenntnis und Schreiben

Quelle:http://www.cba.ufl.edu/contact/facultyinfo.asp?WEBID=2182

2.2 Theorie

- Mikro/Makroinstitutionalistischer Ansatz
- Theoretische Konstrukte:

- *Innovation*, dann, wenn durch die Erhöhung der Skaleneffekte/Effizienz und ein besseres Design der alten Technologie trotzdem kein Wettbewerbsverhältnis mit der neuen Technologie hergestellt werden kann

  (erfolgreich vs. nicht erfolgreich)

- *Schemen und Skripts*

  Schema als ein durch Erfahrung entstandener strukturierter Wissensbereich („hilft zu sehen")

  Script als ein Plan für Rollen und erwartete Handlung („hilft zu handeln")

Quelle:http://www-user.uni-bremen.de/~schoenke/tlgl/tlgldl5.html

2.2 Theorie

- *robustes Design* als Vermittler zwischen der Innovation und Institution:

- wenn die konkrete Detailausgestaltung in die schon gewohnte Welt eingeordnet werden kann und gleichzeitig die für eine zukünftige Weiterentwicklung notwendige Flexibilität bewahrt

2.3 Forschungsfragen

- Welchen Einfluss hat eine Innovation auf schon existente Institutionen?

- Wann kann eine Innovation schon etablierte Institutionen ersetzen (wann hat sie Erfolg und wann nicht)?

2.4 Untersuchungsgegenstand

- Das Verhältnis von Innovation und Institution

- Konkret: Edison und das Design des elektrischen Lichts

2.5 Methodik/Operationalisierung

<u>Methodik</u>
- Historische Einzelfallstudie (deskriptiv)
- Art der Datenquelle: Primärunterlagen (Edison), Zeitschriften, sekundäre Darlegungen (Edison)
- Nachteile:
- „historische Fakten" beruhen immer auf Sekundärquellen (Verklärungen, Wandel in Eindrücken…)
- eingeschränkte Übertragbarkeit
- Vorteil: sozialer Kontext kann mit einbezogen werden (und somit auch institutioneller Wandel)

Operationalisierung

- Institution: Technologie
- vor allem kognitiv-kulturelle Säule
- Institutioneller Wandel
  - Grund: erfolgreiche Innovation
  - Isomorphie durch mimetische Prozesse

2.6 Ergebnisse

- Durch Imitation der Hauptmerkmale des Gaslichts konnte Edison die schon etablierte Technologie durch eine neue ersetzen
- Durch die schon vorher existierenden Schemen und Scripts konnten die Kunden, Behörden und Anleger die Innovation sofort einordnen und benutzen
- Edisons Innovation übernahm perfekt die Rolle, die sonst das Gas ausübte

2.6 Ergebnisse

- Durchsetzung erfolgte nicht wegen einer offensichtlichen technischen Überlegenheit, sondern wegen ihrer Angleichung an das schon existente System
- Für Unternehmer, die Neuheit einführen wollen: Designs aussuchen, welche einige neue, einige alte und einige „unsichtbare" Details miteinander vereint
- Zunächst: Erfolge durch gewohntes Verständnis und gewohnte Art des Gebrauchs
- Später: Erfolg durch Flexibilität (Angleichung mit Wandel im Verständnis und Gebrauch)

2.7 Kritische Würdigung

- beschränkte Übertragbarkeit auf andere organisationale Felder, da es sich um eine Einzelstudie handelt
- trotzdem kann das Konzept des robusten Designs auch auf andere Fallbeispiele angewandt werden

Literatur

PAUL DIMAGGIO, "CONSTRUCTING AN ORGANIZATIONAL FIELD AS A PROFESSIONAL PROJECT: US ART MUSEUM, 1920-40", IN PAUL DIMAGGIO & WALTER POWELL, THE NEW INSTITUTIONALISM ORGANIZATIONAL ANALYSIS, CHICAGO, UNIV. PRESS, 1991.

ANDREW B. HARGADON AND YELLOWLEES DOUGLAS, "WHEN INNOVATIONS MEET INSTITUTIONS: EDISON AND THE DESIGN OF THE ELECTRIC LIGHT", ADMINISTRATIVE SCIENCE QUARTERLY, VOL. 46, NO. 3 (SEP.,2001), S. 476-501.

WALGENBACH, PETER (2006): NEOINSTITUTIONALISTISCHE ANSÄTZE IN DER ORGANISATIONSTHEORIE. IN: KIESER, A./EBERS, M. (HRSG.): ORGANISATIONSTHEORIEN. S. 353-402. STUTTGART: KOHLHAMMER.

BEI GRIN MACHT SICH IHR WISSEN BEZAHLT

- Wir veröffentlichen Ihre Hausarbeit,
  Bachelor- und Masterarbeit

- Ihr eigenes eBook und Buch -
  weltweit in allen wichtigen Shops

- Verdienen Sie an jedem Verkauf

Jetzt bei www.GRIN.com hochladen
und kostenlos publizieren